AF332878

UNIVERSITÉ DE FRANCE.

ACADÉMIE DE STRASBOURG.

THÈSE
POUR LA LICENCE,

SOUTENUE PUBLIQUEMENT

A LA FACULTÉ DE DROIT DE STRASBOURG,

Le mardi 10 août 1841, à quatre heures de relevée,

PAR

M. F. LE FEBVRE,

DE SAINT-QUENTIN (AISNE),

BACHELIER ÈS LETTRES ET EN DROIT.

STRASBOURG,

De l'imprimerie de V.ᵉ BERGER-LEVRAULT, imprimeur de l'Académie.

1841.

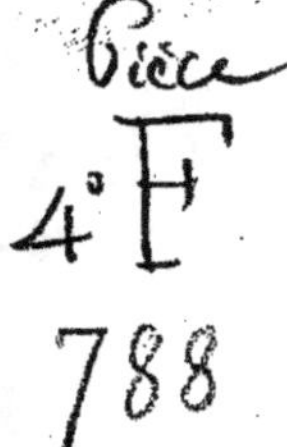

FACULTÉ DE DROIT DE STRASBOURG.

M. Rauter, Doyen.

M. Rau, Président,

Examinateurs MM. { Bloechel, Rauter, Eschbach, Professeur suppléant. } Professeurs.

DROIT CIVIL.

PREMIÈRE PARTIE.

DE LA PRIVATION DES DROITS CIVILS PAR LA PERTE DE LA QUALITÉ DE FRANÇAIS.

Cᴇsᴛ le hasard de la naissance qui assigne à l'homme sa nationalité. Nul ne peut être forcé de demeurer en société : le citoyen est donc libre d'abdiquer sa patrie, hors le cas où son abdication dégénérerait en désertion ; et cette faculté rend plus sacrée l'obligation d'obéir aux lois.

L'abdication est présumée dans les cinq cas indiqués par les articles 17, 19 et 21 du Code civil ; savoir :

1.° Naturalisation acquise en pays étranger ;

2.° Acceptation non autorisée par le roi de fonctions publiques, conférées par un gouvernement étranger ;

3.° Tout établissement, non commercial, fait en pays étranger, sans esprit de retour ;

4.° Acceptation non autorisée de service militaire chez l'étranger, ou affiliation non autorisée à une corporation militaire étrangère ;

5.° Mariage d'une Française avec un étranger.

La Constitution de l'an 8 ajoutait le cas de l'affiliation à une corporation étrangère qui suppose des distinctions de naissance. Cette disposition avait été insérée dans la première rédaction du Code civil, sous le n.° 3 de l'article 17. Elle fut supprimée lors de la publication du Code Napoléon, ordonnée par la loi du 3 septembre 1807.

A tous ces cas, hors le simple établissement en pays étranger, s'attache une présomption légale de la renonciation à la qualité de Français : vainement eût-on manifesté l'esprit de retour, soit par des protestations, soit même par un prompt retour en France.

D'un autre côté, nous ne pouvons partager l'opinion des jurisconsultes qui admettent une abdication expresse. Elle résulterait, le mot l'indique, d'une déclaration expresse du Français qui ne veut plus appartenir à sa patrie originaire; si elle n'était jointe à l'une des circonstances auxquelles la loi attache la perte de la qualité de Français, elle ne devrait pas produire d'effet. Une pareille renonciation ne serait point admise pour soustraire le Français aux charges que sa qualité lui impose; à juste titre elle serait qualifiée de désertion. Par réciprocité, il serait injuste de ne pas permettre une rétractation.

La perte de la qualité de Français résulte encore, pour les habitants d'un territoire séparé de la France, des traités internationaux qui consentent la séparation.

Nous allons développer ces différentes règles et les principales questions qui s'y rattachent.

1.° *Naturalisation acquise en pays étranger.*

L'autorisation du Gouvernement ne conserverait pas la qualité de Français.

Des questions importantes sont soulevées par l'application de deux décrets impériaux des 6 avril 1809 et 26 août 1811.

Le premier soumet au jugement de Cours spéciales les préventions de port d'armes contre la France, et étend considérablement la définition de ce crime.

Il prononce la mort civile et la confiscation des biens contre les Français occupant des fonctions politiques, administratives ou judiciaires dans un pays avec lequel la France est en guerre, et qui ne sont pas rentrés dans les trois mois, à compter des premières hostilités.

Quant aux Français établis dans un pays neutre, un décret de rappel peut également leur enjoindre de rentrer sous les mêmes peines.

Le second décret détermine les effets de la naturalisation à l'étranger.

La permission du Gouvernement conserve au Français le droit de posséder, de transmettre et de recueillir des successions en France; mais il devient étranger, ainsi que ses enfants nés en pays étranger (art. 3 du décret du 26 août 1811).

Les Français naturalisés sans autorisation, encourent la confiscation des biens, l'incapacité de succéder en France et l'exclusion du territoire français (art. 7 et suiv. du même décret).

L'application de ces décrets présente de graves difficultés. Il convient, avant tout, d'examiner si ces mesures, émanées non du pouvoir législatif, mais de l'empereur seul, ne sont pas entachées d'excès de pouvoir.

L'opinion la plus accréditée se prononce pour la validité. — Sous l'empire de la Constitution de l'an 8, le Gouvernement impérial avait le droit de proposer les lois et de faire les règlements nécessaires pour en assurer l'exécution, d'où l'on induit que les décrets étaient exécutoires comme les lois, sauf le cas d'annulation pour cause d'inconstitutionnalité. Le sénat conservateur était le seul corps compétent pour prononcer sur l'inconstitutionnalité des actes du Gouvernement ou du corps législatif. De la part des juges, le refus de les appliquer eût été considéré comme déni de justice.

Les décrets non attaqués ont été considérés comme lois jusqu'à la promulgation de la Charte de 1814. On a prétendu que cet acte constitutionnel, en maintenant les lois existantes qui ne lui étaient pas contraires, avait donné aux décrets une nouvelle sanction.

Le Gouvernement royal a consacré cette doctrine. Il ne s'est pas cru en droit de révoquer les décrets par simple ordonnance, et sans l'intervention du pouvoir législatif.

4

Là jurisprudence de la Cour de cassation est formelle et attestée
par de nombreux arrêts.

Si grandes que soient ces autorités, nous ne pensons pas que les
décrets cités doivent encore être appliqués. Des considérations d'uti-
lité générale et d'ordre public commandent sans doute le maintien
des règlements d'administration publique, par exemple, des tarifs
des frais, des règlements universitaires; elles peuvent même autoriser
l'application des peines correctionnelles ou de police, prononcées par
les décrets. Ces actes peuvent être considérés comme rentrant dans
la limite des pouvoirs conférés à l'Empereur par la Constitution;
mais ces considérations ne sauraient être invoquées à l'appui de peines
criminelles décrétées au mépris des constitutions.

Le silence du sénat conservateur n'a pu valider des dispositions
aussi exceptionnelles. La Constitution de l'an 8 traçait nettement
les limites entre les pouvoirs de l'État.

« Le corps législatif fait la loi en statuant sur les projets débattus
« devant lui par les orateurs du tribunat et du Gouvernement (art. 34).

« Le Gouvernement propose les lois et fait les règlements néces-
« saires pour en assurer l'exécution (art. 44).

« Le sénat maintient ou annule tous les actes qui lui sont déférés
« comme inconstitutionnels par le tribunat ou par le Gouverne-
« ment (art. 21). »

L'on conçoit qu'en présence du silence du sénat, beaucoup de
règlements faits pour assurer l'exécution des lois, puissent être obli-
gatoires, quoique, à la rigueur, ils aient empiété sur le domaine
législatif. Mais, pour une disposition criminelle, le doute n'est point
possible. L'intervention du pouvoir législatif peut seule imposer une
loi pénale : c'est une maxime de Droit public, rappelée à l'empereur
lui-même par l'un des jurisconsultes les plus éminents, M. le procu-
reur général Merlin. Si, par un excès de pouvoir qui a préparé sa
chute, l'empereur a méconnu ce principe, l'état actuel de nos insti-
tutions constitutionnelles ne permet point qu'il y soit dérogé.

Ces objections seraient sans réplique, lors même que l'inconstitutionnalité eût pu être prononcée d'office; mais cette annulation était subordonnée à la provocation du tribunat : ce corps n'existant plus depuis 1807, le recours constitutionnel était impossible. Il ne peut donc être question de ratification, d'approbation tacite. Les décrets s'appuyaient non sur la Constitution, mais sur la force. Ils ont dû tomber avec l'empereur, qui lui-même ne les envisageait pas comme des lois immuables, mais comme un moyen transitoire et approprié aux circonstances dans lesquelles il les promulguait.

Au surplus, l'inconstitutionnalité a été déclarée par le sénatus-consulte de déchéance du 3 avril 1814. Il est expressément motivé sur ce que l'Empereur a de sa propre autorité rendu des décrets portant peine de mort. Où trouverait-on une révocation ou plutôt une déclaration de nullité plus absolue et plus solennelle?

Ces arguments, tirés de l'excès de pouvoir qui a vicié les décrets dès leur origine, de l'abolition du tribunat et de l'annulation prononcée par le sénatus-consulte, rendent superflu l'examen des autres objections.

Qu'importent les opinions du gouvernement de la restauration; celles émises dans les Chambres? qu'importe l'application prolongée de ces décrets? — Plus l'abus a duré, et plus il y a de raison pour le faire cesser.

Nous soutenons donc la nullité radicale des peines prononcées par ces décrets.

L'on ne peut considérer comme applicables que les dispositions peu importantes des articles 17 à 26 du décret de 1811. Elles déterminent les obligations auxquelles sont soumis les Français autorisés à passer au service d'une puissance étrangère.

Pour épuiser la matière, nous devons examiner quel serait l'état actuel de la législation d'après le système qui maintient les décrets indiqués.

Le décret de 1809 a été modifié par la Charte de 1814, qui abolit la juridiction des cours spéciales. Ce serait donc au jury à examiner si le crime du Français d'avoir porté les armes contre son pays, se retrouve dans les cas nombreux prévus par les articles 2 et 3 du décret. La procédure contre les Français pourvus d'emplois à l'étranger, qui ne sont pas rentrés après les hostilités dénoncées, serait à diriger par contumace devant les cours d'assises, qui seraient alors dans le cas de déclarer la mort civile, peine accessoire, par forme de condamnation unique et principale; condamnation évidemment contraire aux règles du Droit commun.

Le décret de 1811 ne pourrait non plus être appliqué dans toute sa rigueur. — La confiscation des biens est abolie par la charte de 1814. — On a demandé si cette abolition doit profiter au Français naturalisé à l'étranger sans autorisation, ou à ses héritiers?

L'équité doit faire prévaloir le système favorable au propriétaire. Dans notre opinion, l'état créé par le décret n'est pas la mort civile; la succession n'est point ouverte: il n'y a donc aucune raison de faire passer les biens aux héritiers.

La loi du 14 juillet 1819 a aboli le droit d'aubaine et admis les étrangers à succéder en France. Cette faveur peut-elle profiter au Français devenu étranger par sa naturalisation?

L'esprit du décret s'y oppose. Ce n'est pas en sa qualité d'étranger que l'incapable est exclu de la succession de ses parents; c'est pour avoir désobéi aux ordres de son gouvernement. Sous l'empire du droit d'aubaine, il n'aurait pu réclamer la réciprocité stipulée par les traités : il est sous le poids d'une exclusion spéciale.

Remarquons finalement que le décret de 1811 n'était point applicable aux femmes (décret du 22 mai 1812), ni aux descendants des religionnaires fugitifs par suite de la révocation de l'édit de Nantes. Ils sont étrangers, s'ils n'ont pas profité du bénéfice de l'article 26 de la loi du 15 décembre 1790.

La qualité de Français se perd encore :

2.° *Par l'acceptation non autorisée par le Roi de fonctions publiques conférées par un gouvernement étranger.*

La constitution de l'an 8 ne reconnaissait pas de fonctions autorisées. Les rédacteurs du Code civil ont pensé avec raison que l'intérêt de la France ou d'une nation alliée pouvait quelquefois exiger le service public d'un Français à l'étranger.

L'autorisation est nécessairement révocable, et le Français devra, sous peine d'encourir la perte de sa nationalité, obéir aux rappels généraux ou individuels.

Le décret de 1811, expliqué par des avis du Conseil d'État des 14 et 21 janvier 1812, désigne comme fonctions publiques : les fonctions politiques, judiciaires et administratives, celles exercées près la personne d'un souverain étranger ou dans une administration publique étrangère; enfin l'acceptation d'un titre héréditaire. Cette énumération nous paraît exacte, malgré l'inconstitutionnalité des décrets : les services indiqués imposent au Français des obligations incompatibles avec ses devoirs envers sa patrie.

Quant à l'exercice des fonctions ecclésiastiques, il faut faire une distinction : si les emplois occupés par le prêtre n'ont eu rapport qu'à ce que le ministère sacerdotal a de spirituel ou de divin, et l'ont ainsi soumis à l'autorité ecclésiastique plutôt qu'à l'autorité civile, il conserve la qualité de Français. Il en sera autrement si la loi du pays où il réside, le répute fonctionnaire public, s'il y a prêté serment de fidélité au gouvernement, s'il en a reçu un traitement.

Rappelons qu'un décret du 7 janvier 1808 porte : « En exé-
« cution de l'article 17 du Code civil, nul ecclésiastique français
« ne pourra poursuivre la collation d'un évêché *in partibus* faite
« par le pape, s'il n'y a été préalablement autorisé par nous sur le
« rapport de notre ministre des cultes. »

La profession d'avocat exercée hors de France n'ôte point la qualité de Français; le diplôme est moins une investiture qu'une preuve de capacité. La même décision s'applique aux médecins et aux chirurgiens, à moins qu'ils ne soient admis dans les armées ou préposés à l'administration publique des hospices.

3.° L'article 17 attache encore la perte de la nationalité à « tout « établissement fait en pays étranger sans esprit de retour.

« Les établissements de commerce ne pourront jamais être consi- « dérés comme ayant été faits sans esprit de retour. »

Nul ne peut avoir deux patries; parce que l'on ne pourrait remplir ses devoirs envers toutes deux. — La question de savoir si le Français s'est expatrié, est une question de fait qui ne peut être décidée que par les circonstances. Dans les litiges où la nationalité de l'une des parties est contestée, la preuve de l'expatriation est à la charge de l'adversaire du Français.

Dans les trois cas prévus, le Français qui a perdu sa qualité, peut toujours la recouvrer en rentrant en France avec l'autorisation du Roi, et en déclarant qu'il veut s'y fixer, et qu'il renonce à toute distinction contraire à la loi française.

4.° Une Française qui épouse un étranger, suit la condition de son mari (art. 19); elle s'est soumise volontairement à la même extranéité. Mais elle ne perd pas sa nationalité, si son mari, Français au moment du mariage, s'est depuis expatrié. On ne change de patrie que par sa propre volonté; et ce serait la punir de la fidélité à son époux, qu'elle est obligée de suivre, même en pays étranger.

« Si elle devient veuve, elle recouvre la qualité de Française, pourvu « qu'elle réside en France, ou qu'elle y rentre avec l'autorisation du « Roi, et en déclarant qu'elle veut s'y fixer.

5.° Les motifs par suite desquels l'acceptation non autorisée de fonctions publiques entraîne la perte de la qualité de Français, s'appliquent avec bien plus de force au service militaire non autorisé et à l'affiliation à une corporation militaire étrangère.

Ceux qui se sont placés dans cette position sont traités avec plus de rigueur. La loi ne leur permet de rentrer en France qu'avec la permission du Roi; ils ne recouvrent la qualité de Français qu'en remplissant les conditions imposées à l'étranger pour devenir citoyen (art. 21, C. c.).

La perte de la qualité de Français entraîne celle des droits civils (Intitulé de la section 1.re), et à plus forte raison, celle des droits politiques (Const. de l'an 8). Le Français devenant étranger, ne peut réclamer la jouissance de droits civils en France, qu'au cas où des traités internationaux en ont accordé aux membres de la nation à laquelle il appartient (art. 11, C. c.). Avant l'abolition du droit d'aubaine, il était exclu des successions *ab intestat* ou testamentaires. C'est surtout à cette incapacité que se rapporte la disposition de l'article 20 du Code civil, d'après laquelle celui qui recouvre la qualité de Français, ou le fils d'un Français expatrié qui acquiert la même qualité, ne jouissent des droits civils que pour l'avenir.

Depuis la loi du 14 juillet 1819, les Français qui ont encouru la perte de leur nationalité, jouissent, à l'égal des étrangers d'origine, des droits civils les plus importants; par exemple, de ceux de tester, de donner entre vifs, de recueillir par donation ou par testament, et de succéder *ab intestat*.

Nous avons fait remarquer que dans les quatre premiers cas de perte de la nationalité, le Français expatrié peut recouvrer ses droits sans être soumis aux formes de la naturalisation. Ses enfants, au premier degré, deviennent Français par une simple déclaration (art. 9 et 10, C. c.).

Le changement de nationalité du père n'influe pas sur la condition du fils né antérieurement à l'expatriation ou aux actes qui entraînent la perte de la qualité de Français. On ne change de patrie que par sa propre volonté. La qualité est imprimée à l'enfant par la loi.

Le traité de paix de 1814, en réduisant le territoire de l'empire, a fait perdre la nationalité à un grand nombre de Français. L'article 17 accordait aux habitants des pays réunis un délai de six années pour disposer, s'ils le jugeaient convenable, de leurs propriétés acquises avant ou depuis la séparation, et se retirer dans le pays qu'il leur plaira choisir. Une loi du 14 octobre 1814 a réglé la position des habitants de ces pays. — La réunion les avait naturalisés de plein droit; ils avaient servi dans les armées, exercé des fonctions publiques, siégé dans les corps législatifs. La séparation devait attribuer une autre nationalité à ceux qui préféraient une nouvelle patrie. — Il eût paru naturel de n'exiger de ceux qui voulaient rester Français qu'une déclaration jointe à la résidence dans la France actuelle; mais des considérations politiques portèrent le pouvoir à adopter des principes bien plus défavorables.

La loi citée accorde au gouvernement la faculté d'accueillir ou de repousser les personnes originaires des anciens pays réunis, mais établies dans la France actuelle, en leur imposant l'obligation d'obtenir des lettres de déclaration de naturalité : pour siéger dans les chambres législatives, elles sont tenues d'obtenir des lettres de grande naturalisation.

La délivrance de ces lettres est subordonnée à la condition d'une résidence de dix ans sur le territoire de la France actuelle; la loi ne tient aucun compte de la résidence dans les pays détachés pendant la domination française.

Un délai fut fixé pour l'obtention des mêmes lettres : il est de trois mois, à partir du jour où les dix années de résidence sont révolues.

Enfin, ceux qui, lors de la séparation, n'habitaient pas la France actuelle, sont tenus de solliciter la naturalisation; le roi peut seulement abréger le délai de dix ans, fixé par la constitution de l'an 8.

Cette loi part du point de vue développé par plusieurs publicistes, que les qualités acquises par des mesures générales, comme la réunion d'un pays à un autre, se perdent par la mesure contraire, la rétrocession du pays à ses anciens souverains; que pendant la réunion les individus originaires des pays réunis n'étaient Français que conditionnellement; et que, par l'effet des traités, ils sont censés n'avoir jamais eu cette qualité.

Ces motifs, établis par le préambule de la loi et par les débats parlementaires, servent à lever les doutes qui se rencontrent dans l'application.

L'individu originaire des pays réunis, résidant en France, est à considérer comme étranger aussi longtemps qu'il n'a pas obtenu les lettres exigées.

S'il n'a pas obtenu ces lettres, ses enfants, nés depuis la promulgation de la loi, sont dans la position prévue par l'article 9 du Code civil : ils ne deviennent Français que par la déclaration faite dans l'année qui suit leur majorité.

La même décision s'applique-t-elle aux enfants nés en France avant la même loi? Français au moment de leur naissance, comme issus d'un père français, ont-ils pu perdre cette qualité par un fait indépendant de leur volonté?

L'esprit de la loi citée doit les faire considérer comme étrangers, sauf à eux à user du bénéfice de l'article 9 du Code civil. De même que l'événement d'une condition résolutoire remet les parties dans l'état où elles se trouvaient avant le contrat, la loi de 1814 fait considérer leur père comme étranger, malgré la défaveur qui s'attache à la rétroactivité d'une mesure légale.

D'un autre côté, le délai de trois mois fixé pour l'obtention des lettres n'a point été établi à peine de déchéance. La loi ne porte point de clause de ce genre; on rentre dès lors sous la règle commune. Les personnes qui en 1814 habitaient la France, ont donc pu, après l'expiration du délai, et pourraient encore maintenant obtenir les lettres indiquées.

La loi de 1814, ses termes sont formels, s'applique uniquement aux habitants des pays réunis à la France depuis 1791. Elle ne statue pas sur la position des habitants d'une fraction de l'ancienne France, détachée par les traités (une partie de l'arrondissement de Wissembourg et plusieurs communes du département de la Moselle). En l'absence de toute disposition spéciale, les règles du Code civil doivent être appliquées.

Les personnes originaires de ces pays et résidant en France, sont Françaises ;

Celles qui ont conservé leur ancien domicile, après la séparation, ont perdu leur nationalité; mais elles peuvent la recouvrer en France avec l'autorisation du Roi. L'habitant né avant la séparation n'a pu se trouver dans le cas d'opter entre les deux nationalités aussi long-temps qu'il était mineur; on ne pouvait lui opposer sa résidence à l'étranger avant sa majorité, pour en induire qu'il avait renoncé à la qualité de Français.

Les individus nés depuis la séparation sont dans la position d'enfants de Français expatriés; ils peuvent recouvrer la qualité qu'avaient leurs parents, de la manière indiquée par l'article 10 du Code civil.

SECONDE PARTIE.

DES MODIFICATIONS DE L'ÉTAT CIVIL RÉSULTANT DE CONDAMNATIONS JUDICIAIRES.

SECTION I. — *De la mort civile.*

On désigne par cette expression la plus grande des incapacités; l'état de l'individu qui, par suite de condamnations à des peines afflictives et perpétuelles, se trouve privé des droits les plus importants dont l'homme jouit dans ses relations sociales.

§. 1.ᵉʳ *Des causes qui entraînent la mort civile.*

Voici les dispositions légales sur cette matière.

Code civil, article 22. Les condamnations à des peines dont l'effet est de priver celui qui est condamné, de toute participation aux droits civils ci-après exprimés, emporteront la mort civile.

Art. 23. La condamnation à la mort naturelle, emportera la mort civile.

Art. 24. Les autres peines afflictives perpétuelles n'emporteront la mort civile qu'autant que la loi y aurait attaché cet effet.

Art. 18 du Code pénal, modifié par la loi du 1.ᵉʳ mai 1832. « Les « condamnations aux travaux forcés à perpétuité et à la déporta- « tion, emporteront mort civile. [1]

« Néanmoins le Gouvernement pourra accorder au condamné à « la déportation l'exercice de ses droits civils ou de quelques-uns de « ces droits. »

Rappelons aussi, qu'en vertu de l'article 17 du Code pénal, mo- difié par la loi citée du 1.ᵉʳ mai 1832 et par celle du 9 septembre 1835, le condamné à la déportation doit subir à perpétuité la peine de la détention, soit en France, soit dans une prison des possessions fran- çaises, hors du territoire continental.

La mort civile est donc attachée à trois peines; ce sont :

La mort naturelle ;

Les travaux forcés à perpétuité;

La déportation, sauf une disposition contraire du Gouvernement.

Nous avons déjà démontré l'inconstitutionnalité du décret du 6 avril 1809, qui fait encourir la mort civile aux Français qui ont occupé des emplois à l'étranger et ne sont pas rentrés après les hos- tilités déclarées.

La mort civile est l'effet d'une peine; elle ne peut résulter que d'un jugement. Le législateur définit les peines, le juge seul les ap- plique. — La politique ne saurait jamais autoriser la mort civile sans jugement.

Elle ne peut résulter en France de condamnations prononcées à l'étranger contre un Français. L'autorité du juge est restreinte aux

---

1 Avant le Code pénal de 1832, le Gouvernement pouvait seulement accorder au déporté la jouissance des Droits civils *au lieu de la déportation.*

États du prince dont elle émane; les lois d'un pays pourraient réputer crime, ce qui en France ne serait qu'un délit.

Est-elle encourue à la suite de condamnations pour délits militaires? Il est hors de doute qu'elle est attachée aux condamnations pour délits communs prononcés par les conseils de guerre. — Les sentences de ces juridictions ont autant d'autorité que celles des tribunaux ordinaires.

Quant aux condamnations pour délits militaires, tels qu'insubordination, désertion, pour écarter la mort civile, on a invoqué l'autorité des lois romaines, et l'article 5 du Code pénal, portant que les dispositions dudit Code ne s'appliquent pas aux crimes militaires.

Remarquons cependant que les articles 22 et 23 ne distinguent pas entre les différentes condamnations; que la mort civile est la conséquence obligée d'une condamnation à la mort naturelle aux termes du Code civil; que l'article 5 du Code pénal exclurait seulement l'application de l'article 18 du même Code, et que les travaux forcés à perpétuité et la déportation ne sont pas prononcés contre des crimes militaires proprement dits.

§. 2. *De quel temps la mort civile est encourue.*

Le commencement de la mort civile est différemment fixé, selon que la condamnation dont elle résulte est contradictoire ou par contumace.

« Les condamnations contradictoires emportent la mort civile à « compter du jour de leur exécution réelle ou par effigie (art. 26 « du C. c.). »

L'appareil et la publicité de cette mesure apprennent efficacement à la société que la condamnation est devenue irrévocable.

Le décès, même par suicide, du condamné, antérieur à l'exécution, le fait mourir dans l'intégrité de ses droits.

L'époque précise de l'exécution est fixée par l'article 375 du Code d'instruction criminelle; elle doit avoir lieu dans les vingt-quatre heures après le délai de trois jours francs, accordé au condamné pour se pourvoir en cassation, s'il n'a pas formé de recours; ou dans les vingt-quatre heures de la réception de l'arrêt de rejet.

On a demandé si la mort civile devait commencer au moment précis du supplice ou avec la première heure du jour de l'exécution.

Nous ne pouvons admettre cette dernière opinion. Si la rédaction de l'article 26 permet quelques doutes, ils doivent être interprétés en faveur du condamné. L'effet ne peut préexister à la cause, et la fiction rétroactive n'est point autorisée par la loi. Un autre argument résulte des articles 720 et suivants du Code civil.

La condamnation aux travaux forcés à perpétuité est censée exécutée lors de l'exposition du condamné.

On pourrait opposer que l'exposition précède et ne constitue pas les travaux forcés. — Néanmoins c'est une exécution de l'arrêt. D'après le Code pénal de 1810, la durée des travaux forcés à temps se calculait du jour de l'exposition; la peine était donc censée recevoir ce jour même un commencement d'exécution. La modification apportée à l'article 23 du Code par la loi de 1832, et qui fait courir les peines temporaires du jour où la condamnation est devenue irrévocable, ne détruit point notre argument. L'exposition est un mode de notification à la société plus efficace que l'arrivée du condamné dans un bagne. Le jour de l'exposition est un jour fixe déterminé par la loi; celui de l'arrivée du condamné au bagne dépend d'une foule de circonstances qui le rendent incertain et arbitraire.

La déportation, dans les cas où le Gouvernement laisse subsister la mort civile, est censée exécutée du jour où le condamné est extrait de la prison dans laquelle il était gardé pendant le procès criminel, pour être transféré dans la prison où il doit subir la détention.

Condamnations par contumace.

La contumace est l'état de celui qui, mis en accusation, ne se présente pas dans le délai qui lui a été fixé, ou qui, ayant été saisi, s'est évadé avant le jugement.

L'accusé est constitué contumax, après l'arrêt de mise en accusation par la publication d'une ordonnance qui lui enjoint de se représenter dans les dix jours (art. 465 du Code d'instr. crim.).

S'il ne satisfait pas à cette injonction, la Cour d'assises procède sans l'adjonction de jurés, sur l'examen de la procédure écrite.

La contumace produit les effets suivants, quant aux biens et droits civils du fugitif.

Pendant la durée de l'instruction les biens sont séquestrés et toute action en justice est interdite au contumax.

S'il est condamné à une peine afflictive et perpétuelle, la condamnation emporte la mort civile, cinq ans après l'exécution du jugement par effigie (art. 27 du C. c.).

Le condamné est de plus privé de l'exercice des droits civils pendant les cinq ans, ou jusqu'à ce qu'il se représente ou qu'il soit arrêté pendant ce délai.

Ses biens doivent être administrés et ses droits exercés de même que ceux des absents (art. 28 du C. c.).

La privation de l'exercice des droits civils doit faire annuler le testament fait par le contumax, quand même la peine à laquelle il est condamné n'emporterait pas la mort civile.

Cet article est modifié en partie par l'article 471 du Code d'instruction criminelle, portant :

« Si le contumax est condamné, ses biens sont, à partir de l'exé-
« cution de l'arrêt, considérés comme biens d'absent, et le compte
« du séquestre sera rendu à qui il appartiendra, *après que la con-*
« *damnation sera devenue irrévocable par l'expiration du délai*
« *donné pour purger la contumace.*

La conséquence naturelle de l'assimilation des biens du contumax à ceux de l'absent, serait que les héritiers présomptifs auraient le droit de demander l'envoi en possession provisoire, immédiatement après le jugement de condamnation.

Mais la partie finale de la disposition citée détruit cette opinion. Elle n'oblige la régie à rendre compte qu'après l'expiration du délai de grâce. — Ce délai est de cinq ans pour les jugements emportant mort civile; il est illimité pour les condamnations temporaires, ou plutôt il se confond avec le délai de vingt ans, fixé pour la prescription de la peine (art. 635 du Code d'instr. crim.).

Il faut donc admettre que, selon ces deux distinctions, la gestion de la régie dure cinq ou vingt ans.

Un argument puissant vient appuyer cette opinion. Le but du législateur étant de forcer le contumax à se représenter, c'eût été s'en écarter que de confier l'administration de ses biens à sa famille.

L'article 29 du Code civil porte : « Lorsque le condamné par con-
« tumace se présentera volontairement dans les cinq ans à compter
« de l'exécution du jugement, ou lorsqu'il aura été saisi et constitué
« prisonnier pendant ce délai, le jugement sera anéanti de plein
« droit, l'accusé sera remis en possession de ses biens. Il sera jugé
« de nouveau, et si, par ce nouveau jugement, il est condamné à la
« même peine ou à une peine différente emportant également la
« mort civile, elle n'aura lieu qu'à compter du jour de l'exécution
« du second jugement. »

L'article 31 renferme la même disposition pour le cas de mort naturelle pendant le délai de grâce.

L'exécution par effigie du jugement se prouve par le procès-verbal du greffier, dressé en exécution de l'article 378 du Code d'instruction criminelle.

3

§. 3. *Des effets de la mort civile.*

Ils sont énumérés par l'article 25 du Code civil.

L'interprétation la plus répandue considère cette disposition comme énonciative et non comme limitative; elle exclut le mort civilement de tous les droits civils, même de ceux qui n'y sont pas énumérés.

La mort civile peut suivre celui qui en est frappé même hors le territoire de la souveraineté où elle a été encourue.

En vertu de l'article 3 du Code civil, les lois qui régissent l'état et la capacité des personnes, suivent les Français même en pays étranger. Par conséquent, un Français condamné par les tribunaux de sa patrie, sera frappé partout des incapacités qui sont le résultat de la condamnation.

Nous avons déjà exposé que les jugements rendus par des juridictions étrangères ne produiraient aucun effet contre lui.

L'étranger est soumis, même en France, aux statuts personnels de son pays. — S'il est dépouillé de la vie civile à raison de sa profession religieuse, cette incapacité le suit partout. — Il en sera de même de l'étranger condamné par les lois de son pays, si la mort civile est attachée à la condamnation.

Nous allons examiner sommairement les principaux effets de la mort civile; ce sont les suivants :

« Le condamné perd la propriété de tous les biens qu'il possédait;
« sa succession est ouverte au profit de ses héritiers, auxquels ses
« biens sont dévolus de la même manière que s'il était mort natu-
« rellement et sans testament (art. 25, C. c.). »

La succession du condamné est dévolue à ses héritiers naturels, quand même, par un testament antérieur, il aurait disposé de ses biens au profit d'autres personnes. Pour pouvoir tester, il faut avoir la capacité de droit aussi bien au moment de la mort qu'au moment du testament.

La donation de biens à venir, permise en faveur du mariage par les articles 1082 et 1093, n'est pas nulle : le droit est acquis à l'institué du moment de l'institution contractuelle.

« Il ne peut plus recueillir aucune succession, ni transmettre à « ce titre les biens qu'il a acquis par la suite (art. 25).

« Les biens acquis par le condamné depuis la mort civile encourue, « et dont il se trouvera en possession lors de sa mort naturelle, « appartiendront à l'État par droit de déshérence.

« Néanmoins il est loisible au Roi de faire au profit de la veuve, « des enfants ou parents du condamné, telles dispositions que l'hu- « manité lui suggérera (art. 33). »

La parenté civile, seul fondement des droits de succession, n'exis- tant plus, le condamné n'a plus d'héritiers.

Le créancier antérieur à la mort civile peut-il poursuivre son remboursement sur les biens acquis postérieurement par le con- damné?

On peut dire que la mort civile donnant ouverture à la succes- sion, les droits et obligations du condamné sont transportés sur la tête des héritiers.

Si néanmoins le recours contre les héritiers est illusoire, l'équité milite en faveur du créancier. Il ne faut pas que la condamnation, qui a pour objet d'aggraver la situation du condamné, puisse l'amé- liorer.

« Il ne peut ni disposer de ses biens, en tout ou en partie, soit « par donation entre vifs, soit par testament, ni recevoir à ce titre, « si ce n'est pour cause d'aliments (art. 25, C. c.). »

Il faut excepter de cette nullité les donations manuelles d'objets mobiliers. Elles appartiennent au Droit des gens, et le Code a con- servé au condamné les facultés qui dérivent de ce droit.

La remise d'une dette est permise, si, d'après les circonstances de fait, par exemple en cas de concordat, elle présente plutôt les carac- tères d'une transaction que ceux d'une donation.

« Il ne peut être nommé tuteur, ni concourir aux opérations
« relatives à la tutelle (même art.). »

Il est, par exemple, exclu des fonctions de subrogé tuteur, curateur, membre d'un conseil de famille, administrateur provisoire des
biens d'un aliéné, etc.

« Il ne peut être témoin dans aucun acte solennel ou authentique,
« ni être admis à porter témoignage en justice.

« Il ne peut procéder en justice, ni en demandant ni en défendant,
« que sous le nom et par le ministère d'un curateur spécial, qui lui
« est nommé par le tribunal où l'action est portée. »

Si l'action est personnelle, la nomination du curateur émane du
juge du domicile de l'adversaire. La mort civile ôte au condamné
le domicile, qui est un droit civil.

Il n'a plus qu'une résidence non attributive de juridiction.

Les procédures faites sans curateur seraient nulles, et cette nullité d'ordre public pourrait être opposée en tout état de cause, même
sur l'appel.

« Il est incapable de contracter un mariage qui produise aucun
« effet civil. »

La bonne foi du conjoint peut-elle donner des effets civils au
mariage ?

Oui ; le principe sur les mariages putatifs est général, et doit l'emporter sur les intérêts du fisc.

« Le mariage qu'il avait contracté précédemment est dissous quant
« à tous ses effets civils (art. 25). »

L'article 227 porte aussi : « Le mariage se dissout par la condam-
« nation devenue définitive de l'un des époux à une peine emportant
« mort civile. »

Pendant la vie naturelle du mort civilement, le conjoint capable
peut se remarier. — Le Code considère le mariage comme un lien
purement civil, indépendant de la consécration religieuse.

La décision doit être maintenue, malgré la loi qui abolit le divorce.

Les enfants conçus pendant la mort civile de leur père ou mère, sont illégitimes.

« Son époux ou ses héritiers peuvent exercer respectivement les
« droits et les actions auxquels sa mort naturelle donnerait ouver-
« ture (art. 25). »

Par application de cette règle, l'usufruit est éteint (617). Le pré-
ciput conventionnel est rendu exigible au profit de l'époux capable;
la clause de retour peut être exercée.

§. 4. *De quelle manière peut cesser la mort civile, et des effets de la cessation.*

La restitution du mort civilement dans la jouissance de ses droits,
est *légale*, lorsque l'incapacité cesse par une disposition de la loi;
gracieuse, quand elle finit par la volonté du Roi.

La loi met fin à la mort civile dans les trois cas suivants :

1.º Lorsqu'une disposition nouvelle rend la vie civile à certaines
personnes qui en étaient privées par une loi antérieure.

Telles sont les lois sur les religieux profès (19 février et 26 mars
1790), sur les religionnaires fugitifs (10 juillet et 9 décembre 1790),
sur les émigrés (sénat. cons. du 6 floréal an 10).

2.º Lorsque l'accusé contumax, après avoir encouru la mort civile,
se représente en justice.

On aurait pu induire des termes de l'article 30 du Code civil,
que le contumax, comparaissant après le délai de grâce, n'était
réintégré dans la plénitude de ses droits civils qu'en cas d'absolution
ou de condamnation à une peine temporaire; et que, si le second
arrêt prononçait une peine perpétuelle, la mort civile n'avait pas
cessé.

Mais l'article 476 du Code d'instruction criminelle ne permet pas
cette interprétation. La première partie de cet article, qui anéantit
le jugement par contumace, s'applique aussi aux jugements qui font

encourir la mort civile. — La seconde partie, qui se réfère à l'art. 3o du Code civil, conserve au jugement de contumace, *pour le passé seulement*, les effets que la mort civile aurait produits dans l'intervalle écoulé depuis l'expiration des cinq ans *jusqu'au jour de la comparution de l'accusé en justice.*

D'où il résulte que le contumax est réintégré dans ses droits. S'il meurt pendant l'instruction, il est mort *integri status; s'il* est condamné à une nouvelle peine emportant également la mort civile, cette mort a cessé momentanément. La mort civile résultant du premier jugement, était la peine du refus de comparaître; en se représentant, il a fait cesser cette peine. La seconde condamnation ne lui ôte la vie civile que du jour de son exécution.

Dans le cas même où le contumax s'évaderait, sa comparution aurait produit cet effet. L'article 476 du Code d'instruction criminelle déclare le jugement anéanti par le seul fait de la comparution de l'accusé. Il est donc rentré dans la plénitude de ses droits à partir de ce jour même, et ne pourra plus en être privé que par un nouveau jugement.

Du reste, cette réintégration n'a aucun effet rétroactif; la succession reste acquise aux héritiers ; le mariage demeure dissous. La mort civile a été irrévocablement encourue pendant l'intervalle écoulé depuis les cinq ans après l'exécution par effigie du jugement jusqu'à la comparution volontaire ou forcée.

La rigueur de cette disposition est motivée sur ce que le contumax doit s'imputer de n'avoir pas reparu avant les cinq ans, et qu'il a pu compter sur la disparution des preuves de son crime et sur le décès des témoins à charge.

3.° La mort civile peut encore cesser par jugement.

Le cas où le contumax qui a laissé expirer le délai de grâce est renvoyé ou condamné seulement à une peine temporaire, se confond avec celui de la comparution.

La révision a lieu dans les trois cas prévus par les articles 443,

444 et 445 du Code d'instruction criminelle. — Si deux arrêts ont condamné deux individus différents, comme auteurs du même crime, et sont la preuve de l'innocence de l'un ou de l'autre condamné; si, après une condamnation pour homicide, la prétendue victime reparaît; et enfin, si des témoins à charge sont condamnés pour faux témoignage.

En déclarant l'innocence, les magistrats effacent de plein droit la condamnation et toutes ses suites ; le condamné est réintégré dans ses droits, il reprend ses biens. Si la mémoire du condamné pour homicide est déchargée, son testament sera valide.

La grâce est un acte du souverain, qui, au profit d'un condamné, empêche ou modifie l'exécution d'un jugement criminel.

Le droit de grâce appartient au roi, en vertu de la Charte.

La mort civile n'est point encourue, lorsque le condamné à la déportation obtient la jouissance des droits civils ou de quelques-uns de ces droits.

Selon nous, elle doit cesser également si le condamné obtient une remise ou une commutation de peine.

La grâce ne peut réintégrer le condamné dans ses droits civils que pour l'avenir; elle ne peut avoir d'effet rétroactif ni porter atteinte aux droits acquis par des tiers. Le jugement d'absolution du contumax ne rétroagit pas, et la commutation ne peut produire un effet plus étendu.

La *prescription de la peine* ne fait pas cesser la mort civile (art. 32).

§. 5. *De la privation partielle des droits civils, par suite de condamnations judiciaires.*

Aux termes de l'article 29 du Code pénal, « les condamnés à la « peine des travaux forcés à temps, de la détention ou de la réclu- « sion, se trouvent pendant la durée de leur peine en état d'inter- « diction légale; il leur est nommé un tuteur et un subrogé tuteur,

« pour gérer et administrer leurs biens dans les formes prescrites
« pour les nominations des tuteurs et subrogés tuteurs aux interdits.

« Article 31. Pendant la durée de la peine, il ne pourra leur être
« remis aucune somme, aucune provision, aucune portion de leurs
« revenus. »

L'incapacité d'administrer sa fortune, enlève évidemment au condamné, celle d'en disposer à titre onéreux, et à plus forte raison à titre gratuit. — Il ne peut non plus tester pendant le même délai.

La défense de l'article 31 ne s'oppose pas à ce que, pendant la détention du chef de famille, les sommes nécessaires pour élever et doter les enfants ou pour fournir des aliments à la famille, ne soient prélevées sur sa fortune. Par application de l'article 511 du Code civil, ces mesures devront être prises par le conseil de famille et homologuées par le tribunal civil.

Les condamnations à des peines afflictives et infamantes emportent la dégradation civique, dont les effets sont indiqués en l'article 34 du Code pénal.

Les condamnations correctionnelles peuvent, dans certains cas, emporter l'interdiction de divers droits civils (art. 42 du Code pénal).

L'interdiction légale cesse par la grâce et par l'expiration du temps fixé par l'arrêt de condamnation.

Les conséquences infamantes de la condamnation cessent par la réhabilitation. La grâce n'en relève pas. — Les incapacités sont des garanties données par la loi à la société; la grâce ne peut pas plus les enlever qu'elle ne pourrait porter atteinte aux autres dispositions du jugement existant au profit des tiers. — Cette question, vivement controversée avant la loi du 1.ᵉʳ mai 1832, a été résolue par le Code d'instruction criminelle révisé; l'article 619 porte « que la demande
« en réhabilitation ne pourra être formée, en cas de commutation,
« que cinq ans après l'expiration de la nouvelle peine, et en *cas de*
« *grâce, que cinq ans après l'enregistrement des lettres de grâce*. »

La réhabilitation est un acte de la prérogative royale qui intervient sur la provocation de l'autorité judiciaire, et par lequel les effets de la condamnation infamante, dans la personne du condamné qui a subi sa peine, sont effacés pour l'avenir.

La réhabilitation diffère de la grâce, en ce que l'une dérive de la clémence du Roi, l'autre de sa justice; l'une n'abolit pas le jugement, elle fait cesser seulement la peine : la réhabilitation relève le condamné de toutes les incapacités qu'il a encourues.

Les conditions de la réhabilitation et la marche à suivre par celui qui la sollicite, sont tracées par les articles 619 à 634 du Code d'instruction criminelle.

PROCÉDURE CIVILE.

DU DÉSAVEU.

Le désaveu est une action qui tend à faire juger qu'un officier ministériel a agi soit sans mandat, soit au delà des bornes de son mandat, au préjudice d'une partie qui demande la nullité des actes faits à son insu.

En général, tout acte fait par une personne sans pouvoirs, ou par un mandataire qui dépasse ses instructions, est nul; il suffit de dénier l'acte lorsqu'on l'oppose au mandant. Le mandat *ad lites* est soumis à d'autres règles : sa fréquence et sa nécessité, l'usage général de le donner ou de le recevoir verbalement, la confiance qui doit entourer les auxiliaires obligés de l'administration de la justice, ont fait établir le principe que les actes des officiers ministériels sont présumés autorisés par les parties, et les obligent tant qu'elles n'ont pas formé le désaveu.

§. 1. *Des personnes sujettes à désaveu.*

Au premier rang se placent les avoués, pour les actes judiciaires ou extrajudiciaires faits sans autorisation et au préjudice de leurs cliens.

L'huissier y est également soumis, s'il excède les bornes du mandat, ou s'il s'arroge un pouvoir qu'il n'a pas reçu.

La même action peut encore être dirigée contre les avocats au Conseil du Roi et à la Cour de cassation, aux termes du règlement du 28 juin 1738, 2.ᵉ partie, titre 9, et du décret du 22 juillet 1806.

On ne peut l'employer contre les mandataires qui représentent les plaideurs devant les tribunaux de commerce, agréés ou même avoués, qui ne peuvent s'y présenter que comme fondés de pouvoirs; ni contre les autres mandataires *ad lites*, tels que les défenseurs devant les justices de paix, les conseils des prud'hommes et les tribunaux de police simple.

Le juge est dans le cas d'exiger d'eux la représentation d'un pouvoir écrit, à moins que la partie ne soit présente; cas où ils ne sont que de simples conseils. — Si un défenseur avait été admis sans pouvoir ou avec une procuration fausse, la partie pourrait attaquer le jugement par voie d'opposition, comme ayant été rendu par défaut. La même procédure pourrait être suivie, si le mandataire avait transgressé les limites du pouvoir écrit.

On peut dire à la vérité que le mandat comporte une certaine élasticité, qui permet de présumer que le mandant approuve le fait du mandataire, et que sans cela tout jugement rendu sur une déclaration non expressément consignée dans le pouvoir, serait nul, et que les tribunaux perdraient leur temps en vérifications de pouvoirs.

Nous répondrons que le titre du désaveu n'est applicable qu'à la procédure entamée devant les tribunaux civils, et par suite aux officiers ministériels attachés à ces tribunaux; que l'ensemble des dispositions de ce titre, et notamment l'article 356, supposent une instance civile, et que le désaveu, qui est une voie privilégiée, ne peut être étendu.

La nécessité d'un pouvoir écrit exclut d'ailleurs l'application des règles fondamentales sur cette partie. — Puisque le mandat donné à l'avoué est presque toujours verbal, il fallait bien poser une limite et exiger une autorisation spéciale pour les aveux, offres et consentements. Les pouvoirs des défenseurs officieux seront toujours déterminés par les termes de la procuration. L'avoué peut facilement s'arroger un mandat; le défenseur ne peut y parvenir que par un faux ou par la négligence du juge.

Au surplus, la voie d'opposition ou de déclaration de nullité n'est pas plus compliquée que celle du désaveu.

La voie du désaveu ne peut être dirigée contre l'avocat, à raison des déclarations faites pendant la plaidoirie. Ce ne sont pas des aveux judiciaires capables de faire foi en justice : ce sont des erreurs que l'avoué ou la partie doivent rectifier à l'audience.

§. 2. *Des cas où le désaveu peut et doit avoir lieu.*

En vertu de l'article 352, aucunes offres, aucun aveu ou consentement, ne peuvent être faits, donnés ou acceptés, sans un pouvoir spécial, sous peine de désaveu.

Dans ce cas l'action est obligatoire.

Si, sous d'autres rapports, l'avoué s'écarte de ses instructions, ce sera l'objet d'une action en dommages-intérêts; mais le débat demeurera étranger à la partie adverse.

Le désaveu est encore admis, lorsque l'officier ministériel s'est fait le représentant d'une partie sans avoir reçu aucune sorte de mandat formel ou présumé. La voie est alors facultative, et la partie pourrait également former une demande en déclaration de nullité des actes faits en son nom.

Les termes du Code et la nature de l'action indiquent suffisamment qu'elle peut seulement être dirigée contre des faits positifs par lesquels l'officier ministériel a transgressé ses pouvoirs. Les omissions qui ont entraîné des déchéances ne peuvent autoriser qu'un recours en dommages-intérêts.

La rigueur des principes énoncés doit aussi subir quelques modifications, sans lesquelles les relations des parties et de leurs défenseurs seraient interverties.

L'absence d'un pouvoir spécial est couverte par une ratification expresse ou tacite : *Ratificatio mandato œquiparatur.* Ainsi le payement de la somme offerte, la présence de la partie à l'audience sans protestation, peuvent être considérés comme des actes de ratification. Impossible d'établir une règle générale, le juge se décidera d'après les circonstances particulières à chaque litige en désaveu.

La même action ne peut non plus être admise quand l'acte désavoué n'a causé aucun préjudice au désavouant. Point d'intérêt, point d'action. Cet axiome s'applique avec d'autant plus de rigueur, que le désaveu est une offense pour l'officier ministériel, et peut compromettre sa réputation.

Par application de cette règle, des tribunaux ont avec raison repoussé le désaveu, quand la partie adverse avait renoncé à profiter des aveux ou offres;

Lorsque l'objet du désaveu n'avait pu influer sur la décision du juge;

Lorsque la déclaration constituait en faveur du client le meilleur moyen de défense possible dans la cause.

Il ne faudrait pas néanmoins l'étendre jusqu'au point d'admettre que la preuve de l'illégalité de la réclamation ou du fondement de la dette pût décharger l'avoué. Sa cause n'est point identique avec celle de la partie adverse : il pouvait refuser d'occuper dans une cause injuste. Il a violé son mandat, en faisant des déclarations préjudiciables à son client.

La preuve du pouvoir spécial exigée par l'article 352 du Code de procédure civile, se fait d'après les règles communes : elle peut résulter d'une lettre missive ou de tout autre écrit émané de la partie. Le serment peut être déféré. — La preuve testimoniale ou des présomptions pourraient être invoquées, si l'objet du procès n'est pas d'une valeur au-dessus de 150 francs.

La remise des pièces à un avoué équivaut à un mandat de se constituer dans l'intérêt de la partie qui a fait la remise. Cette règle est fondée sur un usage ancien et général. Les inconvénients qui peuvent en résulter sont légers en comparaison de ceux qu'occasionnerait la nécessité pour les avoués de se procurer toujours une procuration écrite.

Naturellement la présomption sera détruite, si la partie prouve que la remise des pièces a eu lieu dans un autre but, ou par un tiers qui n'avait aucune mission.

Quant à l'huissier, il doit être muni d'un pouvoir spécial pour la prise de corps et pour la saisie réelle. — La remise du titre exécutoire vaut pouvoir pour les autres actes d'exécution (art. 556).

Indépendamment des offres, aveux et consentements, d'autres actes sont soumis à la nécessité d'un pouvoir; ce sont :

Les déclarations en cas de faux incident (art. 216 et 218); les actes de récusation d'experts ou de juges (309, 384); le désaveu (353); la demande en renvoi (370); les actes de désistement (402); la prise à partie (511); les exploits d'opposition à mariage et de surenchère (C. c., 66, 2185).

Mais ces actes ne sont pas présumés autorisés par la partie et ne l'obligent pas au désaveu, ils sont nuls à son égard comme dans l'intérêt de la partie adverse, s'ils ont été faits sans pouvoir.

§. 3. *Des formes du désaveu.*

A la différence des demandes ordinaires qui s'introduisent soit par exploit, soit par requête, le désaveu est formé par une déclaration au greffe, signée de la partie ou de son fondé de pouvoir, et contenant les moyens, conclusions et constitution d'avoué du désavouant (art. 353).

L'acte de désaveu fait et signé, le désavouant doit en obtenir une expédition, et la notifier tant à l'officier ministériel qu'il désavoue, qu'aux autres parties intéressées au maintien de l'acte désavoué.

Les formes varient à l'égard de cette notification. En cas de désaveu incident, c'est-à-dire formé dans le cours d'une instance encore pendante et au sujet d'un acte qui se rattache à cette instance, une signification par acte d'avoué à avoué est suffisante (art. 354).

Si l'avoué n'exerce plus ses fonctions, le désaveu lui est notifié à domicile avec exploit d'assignation; s'il est décédé, la même formalité doit être remplie à l'égard de ses héritiers. — La notification aux parties de l'instance a lieu par acte d'avoué (355).

En cas de désaveu principal, dirigé, par exemple, contre un huissier, l'acte rédigé au greffe doit être notifié à l'officier ministériel par ajournement.

La demande en désaveu doit être communiquée au ministère public (359); elle n'est pas soumise au préliminaire de conciliation.

La procédure est instruite comme les affaires ordinaires. Le défendeur peut, dans la quinzaine, faire signifier par requête ses moyens de défense; le demandeur répond dans la huitaine.

Le tribunal peut, par un seul jugement, statuer sur le désaveu et sur le fond, lorsque l'instruction est complète sur la demande principale et sur l'incident.

§. 4. *Compétence.*

Lorsque le désaveu a pour objet un acte sur lequel aucune instance n'est engagée, il doit être porté devant le tribunal du domicile de l'officier ministériel contre lequel il est formé (art. 358). Lorsqu'au contraire, il est formé au sujet d'un acte de procédure, le tribunal devant lequel a été suivie la procédure dont cet acte fait partie, est seul compétent (art. 356).

Cette attribution de juridiction présente une exception à la règle des deux degrés pour tous les cas où le désaveu porte sur des actes faits en instance d'appel.

Si l'action a pour objet l'annulation d'un acte extrajudiciaire, le montant des dommages-intérêts réclamés déterminera si le jugement du tribunal est en premier ou en dernier ressort.

§. 5. *Délai.*

Il est fixé par l'article 362. — Si le désaveu est formé à l'occasion d'un jugement qui a acquis force de chose jugée, il ne peut être reçu après la huitaine, à dater du jour où le jugement doit être réputé exécuté, aux termes de l'article 159 du Code de procédure civile, c'est-à-dire, lorsqu'il y a quelque acte duquel il résulte nécessairement que l'exécution du jugement a été connue de la partie.

Les expressions, *jugement qui a acquis force de chose jugée*, supposent qu'on ait épuisé même les voies extraordinaires du recours en cassation ou en requête civile, ou qu'on ne soit plus dans les délais utiles du recours.

Hors ce cas, le désaveu ne se prescrit que par trente ans.

§. 6. *Effets.*

L'effet immédiat est un sursis à l'action principale; et si le désaveu est admis, il fait tomber l'acte désavoué et tout ce qui en a été la suite.

L'article 357 porte : « Il sera sursis à toute procédure et au juge-
« ment d'instance principale jusqu'à celui du désaveu, à peine de
« nullité; sauf cependant à ordonner que le désavouant fera juger
« le désaveu dans un délai fixé, sinon, qu'il sera fait droit. »

Ce sursis ne peut commencer qu'à partir de la dénonciation qui est faite de l'acte de désaveu; avant cette notification le désaveu n'est pas légalement connu, et c'est comme s'il n'existait pas.

Le délai pendant lequel l'incident doit être jugé, dépend de l'arbitrage du juge et peut être prolongé.

« Si le désaveu est déclaré valable, le jugement ou les dispositions
« du jugement relatives aux chefs qui ont donné lieu au désaveu,
« demeureront annulées et comme non avenues; le désavoué sera
« condamné, envers le demandeur et envers les autres parties, à
« des dommages-intérêts, même puni d'interdiction ou poursuivi
« extraordinairement, suivant la gravité du cas et la nature des cir-
« constances (art. 360, C. de proc. c.). »

Lorsque le désaveu a été reconnu injuste, le juge peut accorder des dommages-intérêts à l'officier ministériel. Si cet acte contient des imputations contre son honneur et s'il est rendu public, l'officier peut obtenir l'affiche et l'impression du jugement.

THESES EX JURE ROMANO.

DE CAPITIS DEMINUTIONE.

Capitis deminutio est prioris status mutatio; et tribus modis accidit.

Maxima capitis deminutio est amissio libertatis simul et civitatis.

Hac mutatione minutus pro mortuo habetur, jura agnationis et cognationis solvuntur, bona transmittuntur ad heredes vel ad fiscum, testamentum rumpitur, et testamentifactio amittitur. A creditoribus non possunt conveniri capite minuti sed datur actio in eos ad quos bona eorum pervenerunt.

Evenit cum cives romanus servus pœnæ efficitur, cum libertus ob ingratitudinem erga patronum in servitutem redigitur, vel cum major viginti annis, ad pretium participandum se venundari passus est.

Jure gentium captivus in servitutem redigitur; hac ratione captivi maximam capitis deminutionem passi sunt. Sed per fictionem juris postliminii, is qui reversus non est ab hostibus quasi tunc decessisse videtur quum captus est, reverso omnia restituuntur jura ac si captus non esset, retro creditur in civitate fuisse. Naturali æquitate introductum est ut, qui per injuriam ab extraneis detinebatur, is, ubi in fines suos rediisset, pristinum jus secum reciperet.

Jus competit in bello et in pace cum Romanus ab hostibus capitur; a piratis aut latronibus capti, liberi permanent. Postliminio carent transfugæ, qui armis victi, se hostibus dederunt, et captivi qui post redemptionem voluntarie apud hostes manserunt.

Tamen matrimonium captivitate dissolvitur; filius captivi uxorem ducere potest, et usucapio ejus qui per semetipsum possidebat interrumpitur.

Media capitis deminutio est quum civitas quidem amittitur, vero libertas retinetur.

Accidit iis, quibus aqua et igni interdictum fuit, in insulam deportatis, sed non relegatis, deficientibus, hoc verbo designantur qui se in hostium numerum contulerunt.

Capite minuuntur etiam ii, quos senatus hostes judicavit, vel qui lege lata civitatem amittunt.

Etiam hac mutatione omnia civilia jura amittuntur.

Minima capitis deminutio est quum et civitas et libertas retinetur, sed status hominis commutatur.

Eam patiuntur adrogati et liberi qui adrogatum parentem sequuntur; in plenam adoptionem dati, legitimati et emancipati liberi.

Jure antiquo hæc mutatio obligationes stricti juris dirimebat, sed postea prætor actionem dedit contra eos ex contractibus quæ capitis deminutionem præcesserunt, obligationes quæ naturalem præstationem habere intelligebantur, semper remanebant quia civilis ratio naturalia jura corrumpere non potest.

Jura agnationis sed non cognationis amittuntur; et solvitur ergo jus patriæ potestatis. Legitimæ tutelæ ex lege duodecim tabularum delatæ amittebantur; sicut jus succedendi agnatibus. Tamen per Novellam 118 hic effectus sublatus est.

FINIS.